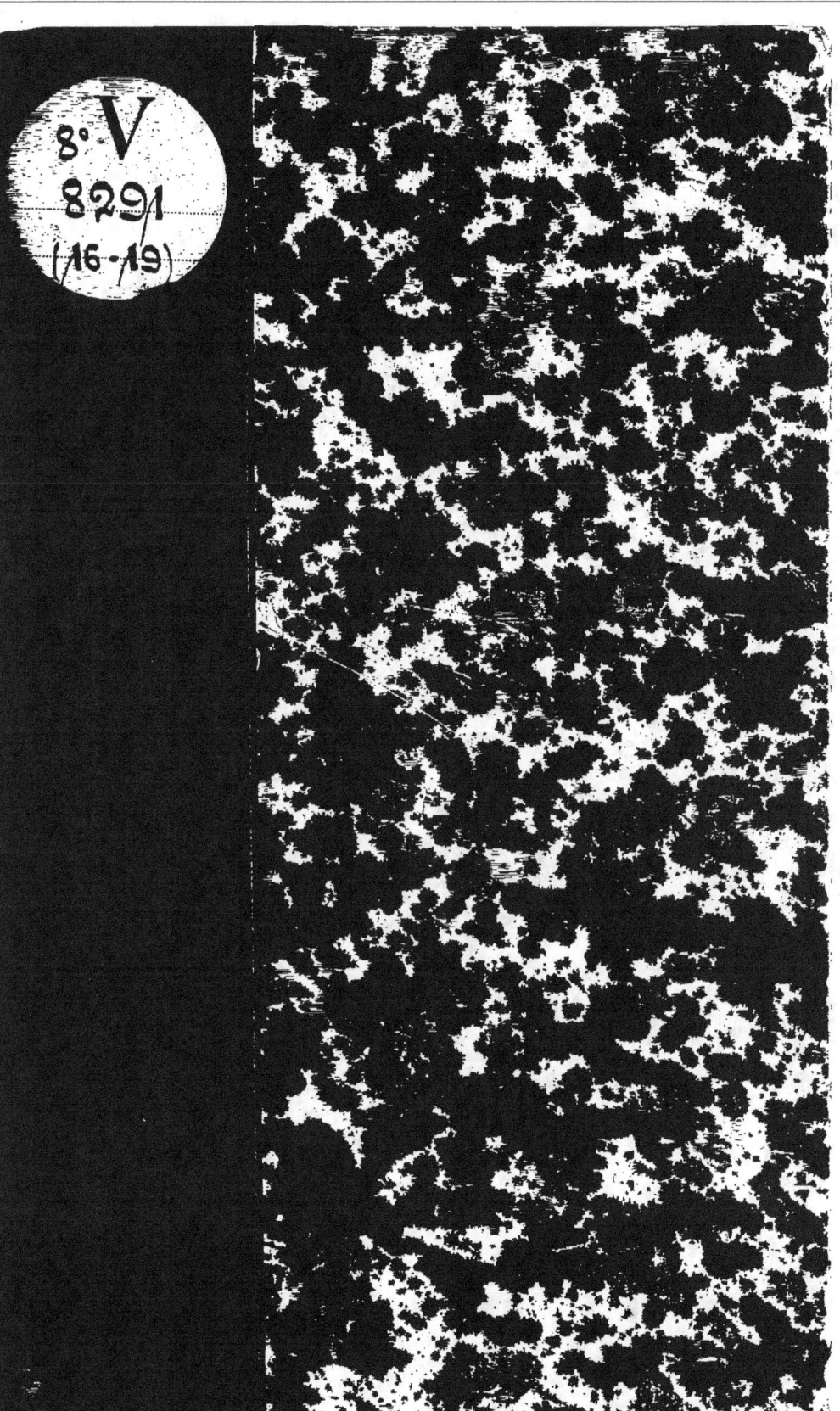

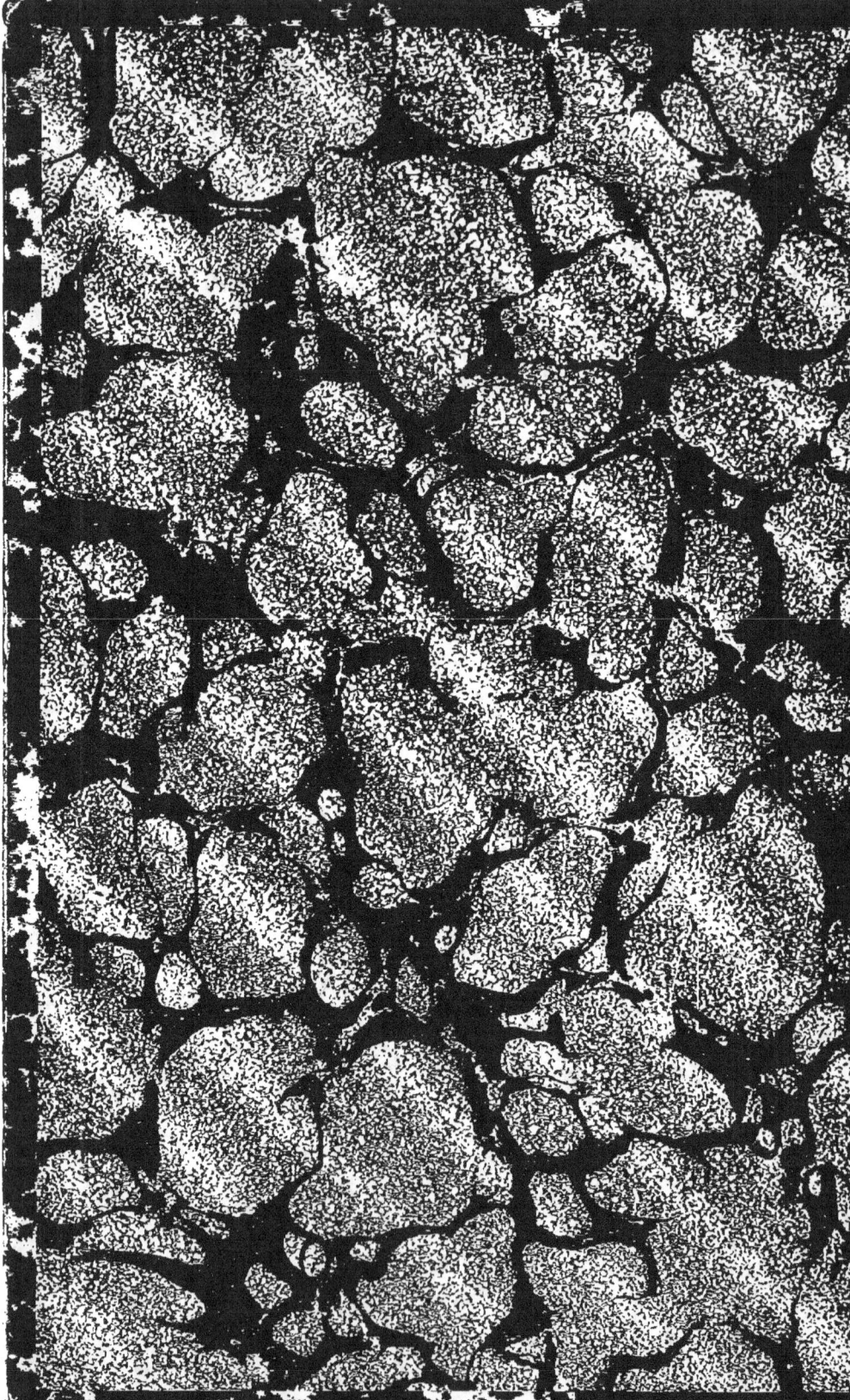

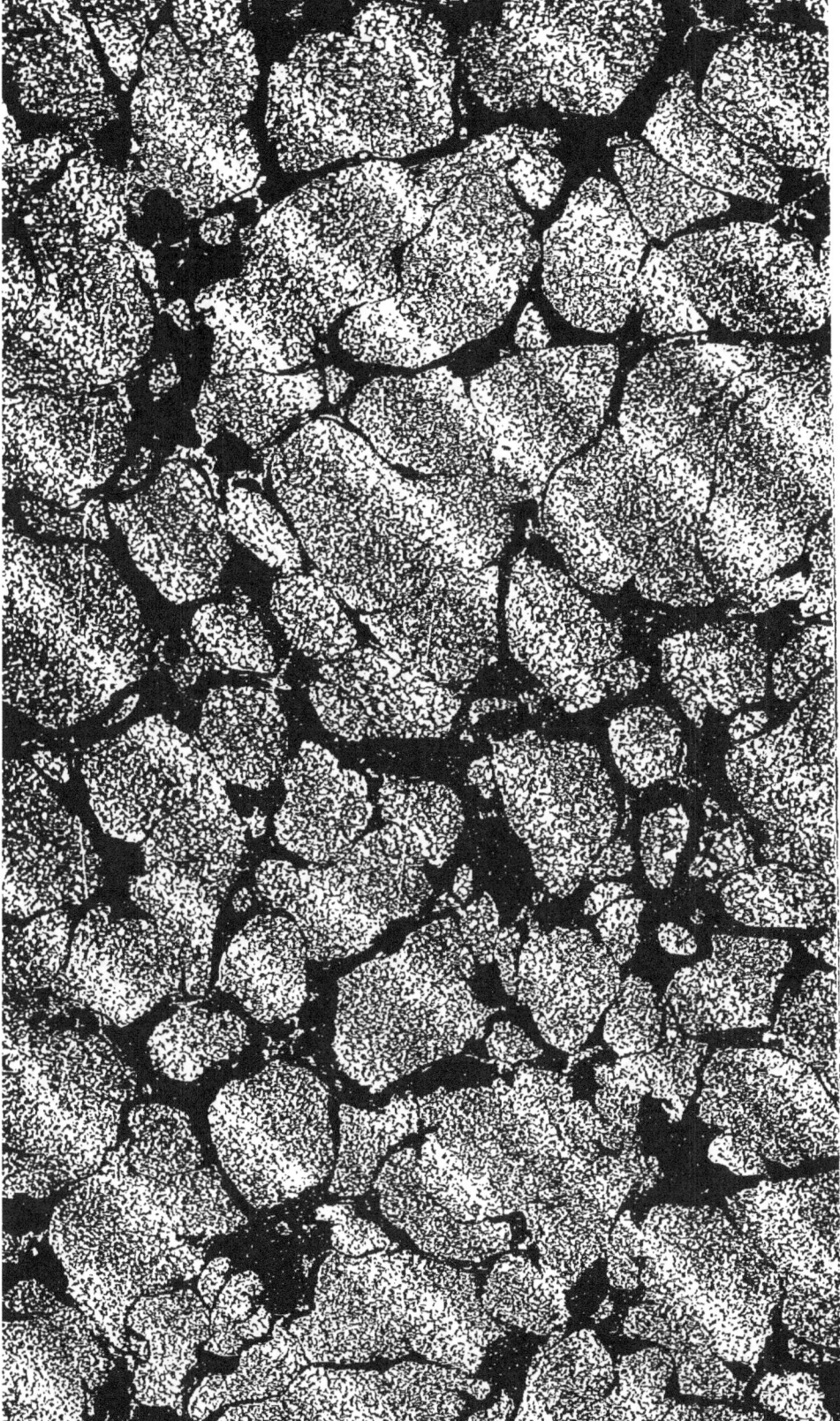

PAUL MANSUY

LOY DE
XVI

PARIS
HACHISSOHN
ÉDITEUR
1, rue des Saint
OCTOBRE

EXPOSITION

DE 1751

—

XVI

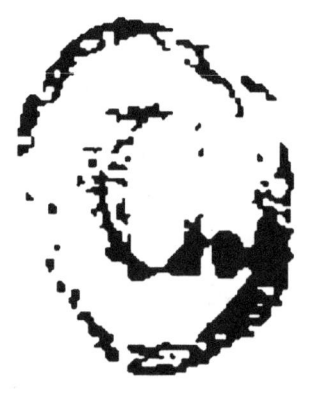

COLLECTION

DES

LIVRETS

DES

ANCIENNES EXPOSITIONS

DEPUIS 1673 JUSQU'EN 1800

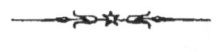

EXPOSITION DE 1751

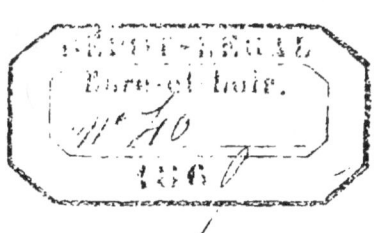

PARIS
LIEPMANNSSOHN ET DUFOUR
ÉDITEURS
11, rue des Saints-Pères
—
OCTOBRE 1869

NOMBRE DU TIRAGE

DU LIVRET DE 1751.

375 exemplaires sur papier vergé.
  25   —   sur papier de Hollande.
  10   —   sur chine.

N°

Ce livret est vendu seul 2 fr. 50.

NOTICE BIBLIOGRAPHIQUE.

Livret :

Deux éditions : la première a 31 pages pleines, 95 n°s et finit à *Portail*. L'arrêt et le privilége ne se trouvent ni dans cette édition ni dans l'autre.

La deuxième édition a 32 pages et 101 numéros. Les articles ajoutés sont en plus petits caractères que le texte courant du Livret. Il faut noter que sur cette édition on a mentionné les n°s 75 et 76 en regard des articles auxquels ils se rapportent. Le premier tirage contenait bien ces articles, mais sans numéros. On sautait ainsi de 74 à 77. Notre réimpression est conforme au texte de cette seconde édition.

Critiques.

Le *Mercure de France* : Numéro d'Octobre, p. 158-169. (D'après cet article la suite de l'histoire de Cyrus par Collin de Vermont se composait de 52 tableaux). La critique est suivie d'une lettre dont le signataire, nommé Sireüil, se défend d'être l'auteur d'une brochure sur le Salon dans laquelle les plus grands artistes sont attaqués sans ménagement et qui lui est attribuée.

Il a été fait de cet article du *Mercure* un tirage à part qui a 12 pages.

(LE COMTE ou COYPEL). Jugemens sur les principaux ouvrages exposés au Louvre le 27 Août 1751. A Amsterdam, 1751. 40 pages in-12.

GAUTIER. Observations sur les tableaux exposés dans le salon du Louvre au mois d'Aoust 1751. P. 61-76 des Observations sur la peinture, sur les tableaux anciens et modernes, dédiées à M. de Vandières par M. Gautier, inventeur de l'art de faire des tableaux sous presse, et pensionnaire de Sa Majesté. T. I seul publié, année 1753, in-12. (Ce volume est extrait des Observations sur l'histoire naturelle, la physique et la peinture, par M. Gautier, 2 vol. in-4° par année).

EXPLICATION DES PEINTURES,

SCULPTURES,

ET AUTRES OUVRAGES
DE MESSIEURS
DE L'ACADÉMIE ROYALE;

Dont l'Expofition a été ordonnée, fuivant l'intention de SA MAJESTÉ, par M. Le Normand de Tournehem, Directeur & Ordonnateur General des Bâtimens, Jardins, Arts & Manufactures de S. M. dans le grand Salon du Louvre; & l'arrangement conduit par les foins du Sieur Portail, de l'Académie Royale de Peinture & de Sculpture, Garde des Plans & Tableaux du Roy. A commencer le jour de S. Loüis 25. d'Aouft 1751. pour durer un mois.

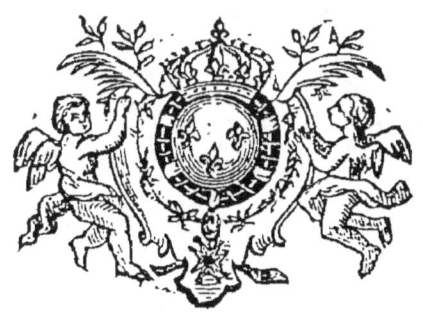

A PARIS, RUE S. JACQUES
De l'Imprimerie de la Veuve de J. F. Collombat,
I. Imprimeur du Roy, des Cabinet & Maifon de Sa Majesté, & de l'Académie Royale de Peinture
& de Sculpture.

M. DCC. LI.
AVEC PRIVILÉGE DU ROY.

AVERTISSEMENT.

L'Expofition fe faifant dans un grand Salon quarré, l'on a été obligé, pour garder quelque ordre & fymétrie, de placer de côté & d'autre les Ouvrages d'un même Auteur : l'on a eu attention dans cette Defcription, de défigner la hauteur & largeur de tous les Tableaux de grandeur extraordinaire ; & à l'égard des autres dont les formes font moyennes & petites, on ne pourra manquer de les recon-

noître, ayant le Livre à la main, & de les trouver par le rapport des Numeros qui se trouvent sur chaque sujet de Peinture & de Sculpture.

Et comme l'impreſſion de ce petit Ouvrage ne ſe donnoit les années précedentes, qu'après tout l'arrangement des Tableaux, dont les Places étoient indiquées, l'on s'eſt apperçû que le Public s'impatientoit extrémement les premiers jours qu'il attendoit cette Explication. C'eſt pourquoy on a jugé à propos, pour ſa ſatisfaction, d'y énoncer des Numeros qui ſe rapportent exactement à chaque ſujet, leſquels, ſans être de ſuite, ſe pourront trouver aiſément. Par ce moyen on joüira de cette Deſcription preſqu'à l'ouverture du Salon.

EXPLICATION

Des Peintures, Sculptures, & autres Ouvrages de Messieurs de l'Académie Royale.

Le Roy ayant ordonné qu'il y eût cette année une Exposition publique des Ouvrages différents de son Académie Royale de Peinture & de Sculpture; les Artistes qui composent cette Académie ont fait leurs efforts pour qu'elle parût mériter, au moins par son zèle, la protection dont l'honore SA MAJESTÉ.

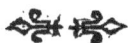

OUVRAGES

de Meſſieurs les Officiers de l'Académie.

Par M. *Galloche*, Recteur.

1. Un Tableau d'environ 3 pieds & demi ſur 2 de haut, repréſentant le Printemps. On a tâché d'exprimer la fraîcheur du matin dans cette ſaiſon naiſſante. Une Forêt paroît ſéparée de la Prairie par une Riviere, laquelle en ſerpentant annonce un pays aſſez vaſte.

2. L'autre, qui fait Pendant, repréſente l'Eté par une Moiſſon. L'Auteur a voulu indiquer, par les ombres plus courtes, que c'eſt le milieu du Jour : il a tâché d'obſerver que les feüilles des Arbres fuſſent d'un vert plus foncé, d'un ton preſque égal, & la terre plus deſſeichée qu'au Printemps. Dans le Lointain eſt une de ces Proceſſions que les Anciens nommoient *Ambarvales;* elle monte au Temple de Cérès. Ces deux Tableaux ſont au Roy.

3. Autre Tableau repréſentant le Buiſſon ardent; Moïſe ne peut ſoutenir la vûë du Seigneur, & il paroît effrayé du changement de ſa Verge en Serpent : l'Ecriture dit même qu'il s'enfuit. La lumiere qui éclaire les Figures part de ces flammes miraculeuſes. Ce Morceau appartient à l'Auteur.

Par M. *de Favanne*, Recteur.

4. Un Tableau repréſentant Vénus qui vient trouver Neptune pour le prier de favoriſer le voyage de ſon Fils Enée en Italie.

5. Son Pendant : Adonis confié aux Nayades, pour prendre foin de fon Education.

Par M. *Reflout*, Adjoint à Recteur.

6. Un grand Tableau, en largeur de 17 pieds & demi fur 11 de haut, repréfentant Didon qui fait voir à Enée les Bâtimens de Cartage. Ce Tableau doit être exécuté en Tapifferie aux Gobelins, pour le Roy.

Par M. *Dumont le Romain*, Adjoint à Recteur.

7. Un Tableau de 4 pieds fur 4 & demi de large, repréfentant Athalante & Méléagre.

Par M. *Leclerc*, ancien Profeffeur.

7 *bis*. Deux Tableaux en longueur de 3 pieds fur 2 & demi, ordonnés pour le Roy. Le premier repréfente des Enfans qui font un Concert. Le fecond, des Enfans joüant une Scene de l'Opéra d'Armide.

Par M. *Carlo Van-Loo*,
Ecuyer, Chevalier de l'Ordre de S. Michel, Profeffeur; Gouverneur des Eleves protegez.

8. Le Portrait du Roy en pied.

9. Un grand Tableau en largeur de 16 pieds fur 12 de haut, repréfentant le Sacre de Saint Auguftin. Ce Tableau eft deftiné pour l'Eglife des Auguftins de la Place des Victoires.

10. Autre de 10 pieds de haut fur 6 de large,

repréfentant une Nativité. Ce Tableau eft deftiné pour l'Eglife de faint Sulpice.

Par M. *Collin de Vermont*, Profeffeur.

L'Hiftoire de Cyrus a été compofée par l'Auteur en 33 Tableaux. En 1737 il en parut 16 au Salon, mais fans explication & fans fuite. Cette année on a cru devoir en donner une de 17 Tableaux nouveaux qu'on expofe, laquelle en ajoutant à ceux-ci quatre des anciens, formât comme un Abrégé complet de la Vie de ce Prince.

Ces vingt-un Tableaux font fous le même N°.

11. Cyrus fut fondateur d'une des quatre Monarchies prédites par Daniel : Ifaïe l'annonça à la Terre deux cents ans avant fa Naiffance (Tableau ancien) (1).

Aftiages, Roy des Medes, avoit marié fa fille Mandane à Cambyfes Roy des Perfes, petit Peuple alors fans nom. Il fit un fonge dans lequel il lui fembloit voir fa Fille accoucher d'une Vigne qui portoit ombre à toute l'Afie (T. anc.). Il confulta les Aftrologues de fon Royaume (I. Tab. nouveau); & leur réponfe fut que fon fonge préfageoit que l'Enfant qui naîtroit de la Princeffe feroit un jour maître de toute l'Afie. Allarmé de la prédiction, il fit venir Mandane loger dans fon Palais, pour être témoin de fes Couches ; & lorfqu'elle eut mis au monde Cyrus, il commanda à un Seigneur nommé

---

(1). En marge de l'exemplaire original se trouvent imprimées certaines indications que nous reproduisons entre parenthèses après les Tableaux auxquels elles se rapportent.

Harpage de l'emporter chez lui & de le tuer. Harpage ne pût fe réfoudre à tremper fes mains dans ce fang précieux (2 T. n.); mais pour obéïr en quelque forte, il le mit entre les mains d'un Berger qui gardoit les Troupeaux du Roy, avec ordre de l'expofer fur les Montagnes, à la merci des Bêtes féroces. Ce Berger porta Cyrus chez lui, & trouva fa femme accouchée d'un enfant mort, qu'elle lui propofa de porter fur les Montagnes et de garder le petit Cyrus. Il y confentit. Pendant dix ans il paffa pour être leur fils (3 Tab.). Un jour les Enfans du Village joüant enfemble, l'avoient choifi pour leur Roy. Le fils d'un Seigneur, nommé Artambares, qui avoit une maifon de campagne au même lieu, joüait ordinairement avec eux, & comme il fentoit déjà fa naiffance, il refufa d'obéïr à ce petit Roy (4 Tab.) : Cyrus le fit foüetter vivement. Le jeune Seigneur s'en retourna tout pleurant chez fon Pere, qui le voyant fi maltraité, le mena à la Cour pour en avoir raifon. Aftiages fait venir le prétendu pere avec fon fils : Cyrus répond fierement aux queftions d'Aftiages, je n'ai fait que ce que je devois faire, comme étant le Roy du complaignant; au refte je fuis entre vos mains, vous pouvez difpofer de ma vie. Aftiages étonné de tant de fermeté dans un enfant, fixe les yeux fur lui (5 Tab.), l'examine, croit trouver dans fes traits ceux de fa Fille, & dans fon âge un rapport fenfible avec le temps qu'il avoit fait mourir le fils de Mandane. Agité de mille penfées, il congédie Artambares, en lui promettant juftice : fait rentrer le Berger, & le menace de le faire égorger s'il ne lui dit la vérité; le Berger tremblant ne cache rien. Le Roy mande Harpage qui voyant le Berger préfent avoüe tout, demande pardon, et l'obtient en apparence. Cependant Astiages consulte de nouveau les Sçavans sur ce qu'il doit faire de Cyrus; & par un effet de la Providence, ils l'assurent que puisque Cyrus a régné, la fatalité est détournée, & le présage accompli. Ainsi tranquille sur son sujet, il lui laisse la vie; mais avant de le renvoyer à son pere Cambyses, il veut qu'il lui serve à se vanger d'Harpage. Il invite ce Seigneur à un repas où il doit, dit-il, célébrer le jour de sa Naissance avec ses amis, & remercier les Dieux qui lui ont conservé Cyrus. Il ajoute qu'il peut amener avec lui son fils pour faire sa cour à ce jeune Prince. Harpage enchanté de tant de faveurs, se rend au Palais; mais, suivant les ordres du Roy, on se saisit du jeune homme, on le tue, on le coupe par morceaux, & on en fait un Mets qu'on sert à table devant Harpage. Quand ce malheureux pere s'est bien rassasié de la chair de son fils, le Roy lui demande s'il a trouvé bon ce qu'on lui a servi (6 Tab.); il répond qu'il l'a trouvé délicieux. Alors Astiages fait apporter un plat où on avoit mis la tête, les pieds & les mains, & lui dit de le découvrir : à ce spectacle, de quelle horreur dût-il être pénétré? Voilà, lui dit le Roi, comme je punis un Sujet qui a osé me désobéir. Harpage en ce moment, se surmonta le mieux qu'il pût, & sçut cacher son ressentiment jusqu'à ce que Cyrus eut atteint l'âge de vingt ans (T. A.); pour lors il lui écrivit secretement, & l'instruisit de la cruauté de son grand pere à leur égard, en insistant sur la facilité qu'ils auroient d'en tirer une commune vengeance, puisqu'il commandoit les Armées & qu'il s'y étoit fait un puissant parti. Cyrus, sur ces assurances, fait révolter les Perses, entre à leur tête dans la Médie, & n'a pas de peine à vaincre une Armée corrompuë par fon Chef. Aftiages lui en oppofe une autre, & la commande en perfonne, mais il n'eft pas plus heureux; il perd la Bataille & la liberté (7 Tab.), & c'eft alors qu'Harpage, en l'infultant, joüit de toute fa vengeance. Cyrus le dépoüilla de fes Etats, & en revêtit Cyaxare fon oncle, propre fils d'Aftiages, que l'Ecriture appelle Darius (5 T. A.): puis il alla tirer raifon des incurfions de Mithrydate, Roi d'Arménie, & de Créfus, Roy de Lydie.

Après avoir vaincu ces deux Rois, pouffé par l'Efprit de Dieu qui fe vouloit fervir de lui pour renverfer l'Empire Babylonien, il marche à cette grande entreprife. Evilmerodack, fils de Nabuchodonofor, regnoit alors : il eft vaincu et tué dans une bataille (T. A.), & le vainqueur pouffant fa victoire, force fon camp, y fait un carnage univerfel, & fe rend maître de Penthée, la premiere beauté de l'Orient, dont le mari Abradate, Roi de la Sufiane, étoit Allié de Babylone. Cyrus avance à grands pas vers cette Ville criminelle : il eft fortifié dans fa marche par la jonction de Gobrias, qui irrité de la cruauté de Baltafar, fucceffeur d'Evilmerodack, avoit abandonné fon parti. Le Barbare venoit de tuer le fils de ce Prince dans une chaffe, où ce jeune Seigneur avoit marqué plus d'adreffe que lui. Gobrias met Cyrus en poffeffion de fes Etats (8 Tab.), de fa Capitale, de fon Palais même, & lui préfente fa fille qui portoit encore le deuil de fon frere. Penthée de fon côté, pénétrée des marques d'honneur et de refpect qu'elle avoit reçues de Cyrus, lui avoit gagné fon mari qui le vient joindre avec de bonnes troupes. On étoit arrivé à cette grande journée qui devoit décider du fort des deux Empires : Penthée veut elle-même armer fon cher Abradate, elle lui rappelle en l'embraffant les obligations qu'elle a à Cyrus (9 Tab.), & après les adieux les plus tendres, il monte dans fon Char & court au combat, ou plutôt à la mort : peu s'en faut que Cyrus n'y perde auffi la vie. Déjà ce Prince a diffipé l'aile droite des Babyloniens : tout d'un temps il vient fondre fur l'aile gauche, où les Egyptiens balançoient la victoire. Il ouvre leur bataillon, les enfonce ; mais un foldat qu'il a terraffé fous lui, donne un coup d'épée dans le ventre de fon cheval : le cheval tombe, Cyrus eft renverfé au milieu des ennemis (10 Tab.). Il fe releve cependant, les attaque de nouveau ; & malgré tous leurs efforts, profite du cheval d'un de fes Gardes, & acheve de vaincre. Il revenoit victorieux dans fon camp au milieu de fes Capitaines, mais il ne voit point Abradate parmi eux : il s'en informe, on lui dit qu'il a été tué, & que fa femme eft occupée à fes funerailles fur les bords du Pactole. Il y vole, il pleure fur fon corps (11 Tab.). Ame génereufe, lui dit-il, pourquoi nous as-tu fi-tôt quitté ? mais tu es mort dans le lit d'honneur : reçois ces préfens dont j'orne ta fépulture. A peine eft-il parti, que Penthée fe tue fur le corps de fon mari.

Cependant Babylone fe croyoit imprenable. La hauteur étonnante de fes murs, des provifions pour vingt ans, la profondeur & la rapidité de l'Euphrate lui infpirent une confiance qui va jufqu'au mépris pour fon ennemi ; mais que peuvent oppofer les hommes au bras de Dieu ? Cyrus avoit creufé des tranchées autour de la Ville, féparées du fleuve par un terrein qu'on devoit couper au moment favorable qu'il attendoit (Tab. A). Il arriva ; ce fut cette nuit fi célébre dans l'Ecriture. Baltafar qui folemnifoit la fête de Bacchus, ainfi que tous les Habitans, fongeant peu à ce que faifoit Cyrus, étoit plongé dans la débauche, & profanoit avec fes concubines & fes courtifans les vafes facrés du Temple de Jérufalem que Nabuchodonofor avoit enlevés. Alors paroît cette main fatale, écrivant fur le mur fa condamnation en ces mots fi terribles, MANE, THECEL, PHARES (12 Tab.). A cette vûe l'épouvante fuccede à la joye. Il n'eft plus queftion de plaifirs : on leve les tables, on s'approche de la muraille. Les fçavans Interprétes des Langues s'épuifent en vains efforts pour pénetrer le fens de ces mots effrayans. Daniel feul en a la clef. Il annonce à Baltafar qu'il a été mis dans la balance; qu'il a été trouvé trop léger, & qu'il eft condamné à perdre cette nuit même le Royaume & la vie (13 Tab.). Auffi-tôt, comme fi Dieu eut donné le fignal, Cyrus fait dégorger l'Euphrate dans fes tranchées; entre dans le lit de ce fleuve avec Darius, Roi des Médes, à la tête de fon armée : s'empare de Babylone & la livre à ce que la flâme & le fer ont de plus affreux.

Maître de l'Empire Babylonien (14 Tab.), il rend aux Juifs la liberté, leur fait reftituer par compte les vafes facrés & les fait porteurs de fes ordres au Gouverneur de la Judée pour le rétabliffement de leur Ville & du Temple.

Après s'être montré à fes nouveaux Sujets dans toute fa fplendeur (T. A.), & s'être attiré leur vénération, il paffe en Médie. Les deux Rois fe font des préfens réciproques : Darius lui fait mettre fur la tête une couronne d'or par les mains de la belle Mandane fa fille, & la lui donne en mariage avec la Médie pour fa dot (15 Tab.); mais Cyrus en differe la conclufion jufqu'à ce qu'il en aye l'agrément de fon pere. En effet il revient en Perfe vifiter Cambyfes & Mandane fa mere (16 Tab.); après avoir fatisfait à fa tendreffe et joui de leurs embraffemens, il célebre fon mariage avec la fille de Darius (17 Tab.), felon les cérémonies des Perfes qui n'adorent que le Soleil.

Que manquoit-il alors à Cyrus pour être heureux? Mais l'ambitieux le peut-il être? Il y a encore des Peuples dans le monde, il les faut foumettre. Après plufieurs autres conquêtes ajoutées aux précedentes, feignant de vouloir époufer Tomiris, reine des Maffagetes (1), qui étoit veuve, il pénetre dans fes Etats : le prétendu mariage ne fe conclut point. Il refufe de fe retirer : on en vient à une bataille, il la gagne par un ftratagéme singulier (T. anc.); mais enfuite il s'engage mal à propos dans des défilés où la Cavalerie perd fon avantage. L'ennemi fçait en profiter, & Cyrus eft tué dans cette feconde bataille, après avoir fait des prodiges de valeur (18 Tab.)

Tomiris lui fait plonger la tête dans un vafe plein de fang, & l'infultant après fa mort, raffafies-toi, dit-elle, du fang dont tu as été fi altéré (19 Tab.).

Environ deux cens ans après la mort de Cyrus, Alexandre vainqueur des Perfes, fit ouvrir le Tombeau de ce Prince, où n'ayant trouvé que quelques vieilles Armes mangées de la rouille, au lieu des richeffes qu'on publioit y être, il le fit refermer, mit fur l'Urne

---

(1). Peuple Scythe.

où repofoient fes cendres une Couronne d'or (20 Tab.), & l'enveloppa de fon manteau, s'étonnant qu'un fi grand homme fût inhumé fi fimplement.

Deux Sujets tirés des Métamorphofes d'Ovide.

12. Les Minéïdes refufoient de célébrer la fête de Bacchus que toute la Ville de Thebes reconnoiffoit pour fils de Jupiter. Elles voyent leurs fufeaux & leurs laines fe transformer en Pampres de vigne, & font elles-mêmes changées en Chauve-fouris.

13. Son Pendant. Une troupe de jeunes Nymphes fe voyant pourfuivies par un Berger infolent qui fe moquoit d'elles, le changent en Olivier fauvage.

14. Le Portrait de M. Lépicié, Secretaire & Hiftoriographe de l'Académie.

15. Celui du pere de l'Auteur.

Par M. *Oudry*, Profeffeur.

16. Un Tableau dans le genre Flamand, en largeur de 6 pieds fur 4, fait pour le Cabinet de Monfeigneur le Dauphin.

Cinq Tableaux, Fables de La Fontaine.

17. Le Renard & la Cigogne.
18. Le Singe & le Chat.
19. Le Chien qui porte à fon col le dîner de fon Maître.
20. Les deux Coqs.
21. Le Loup et l'Agneau.

Ces Tableaux ont environ 5 pieds de largeur.

22. Un petit Tableau repréfentant un Geay & un Loriau pendus par les pattes.

23. Autre petit Tableau d'un Lapereau & d'une Perdrix grife, pendus par les pattes.

24. Un devant de cheminée repréfentant un Chien avec une jatte auprès de lui.

25. Le Portrait d'un Chien.

26. Un Buffet pour une falle à manger.

27. Un Payfage de 4 pieds & demi fur 3 & demi de haut, fait dans la Forêt de S. Germain, repréfentant une chaffe du Cerf.

28. Autre de même grandeur auffi fait dans ladite Forêt. On voit fur le devant du Tableau des Vaches & des Moutons.

29. Autre Tableau de même grandeur, repréfentant des Beftiaux & un Moulin.

30. Un petit Tableau repréfentant un Dogue en repos.

31. Un Tableau en largeur de 8 pieds fur 6 de haut, repréfentant un Cerf fur fes fins. Le fond de ce Tableau eft une vûe de la Forêt de Saint Germain.

32. Autre de même grandeur, repréfentant un Bouldogue qui attaque des Cignes dans des rofeaux.

33. Un Bas-relief d'après un plâtre de François Flamant, de 4 pieds fur 3 de haut. Ces fix derniers Tableaux appartiennent à l'Auteur.

Par M. *Pierre*, Ecuyer, Profeffeur.

34. Un Tableau en hauteur de 10 pieds fur 6, repréfentant une Fuite en Egypte. Ce Tableau eft deftiné pour l'Eglife de S. Sulpice.

35. Autre de fix pieds fur 4 & demi, repréfentant la mort d'Harmonia, feul refte du fang de Gelon, Roi de Syracufe. La nourrice de cette Princeffe, voyant

qu'elle étoit pourſuivie par les mêmes Conjurés qui avoient détruit ſa famille, leur préſenta, pour la ſauver, une Eſclave de ſon âge, revêtuë de ſes habits. Cette fille eut aſſez de courage pour ſouffrir la mort ſans ſe faire connoître; mais Harmonia, touchée de ſa fidélité, & ne voulant pas lui céder en générofité, déclara qu'elle étoit la véritable fille de Gelon, & fut poignardée. Valere Maxime.

36. Autre de 4 pieds ſur trois de haut, repréſentant Neſſus et Déjanire.

37. Autre de 5 pieds ſur 4. Neptune qui réprime les vents ou le *Quos ego*.

Par M. *Pigalle*, Adjoint à Profeſſeur.

37. Un modéle en plâtre, repréſentant l'Education de l'Amour.

37 *bis*. Un Modéle en Plâtre de la Tête du Roy.

Par M. *Nattier*, Adjoint à Profeſſeur.

38. Le Portrait de Madame la Dauphine.

Meſdames de France déſignées ſous les attributs des quatre Elémens.

39. Madame, Ducheſſe de Parme.
40. Madame Henriette.
41. Madame Adelaïde.
42. Madame Victoire.

Par M. *Slodtz*, Adjoint à Profeſſeur.

42 *bis*. Un modéle d'un Méridien dont les Figures

auront environ 8 pieds de proportion. On exécute cet ouvrage en marbre & en pierre de Tonnerre.

Le Portrait de Mad^{lle} ***.

Par M. *Hallé*, Adjoint à Profeſſeur.

43. Un Tableau en hauteur de 10 pieds ſur 6. repréſentant J. C. qui dit à ſes Apôtres de laiſſer venir à lui les enfans. Ce Tableau eſt pour l'Egliſe de S. Sulpice.

43 *bis*. Autre, repréſentant le Maître d'Ecole.

Par M. *Chardin*, Conſeiller de l'Académie.

44. Un Tableau de 18 pouces ſur 15. de large. Ce Tableau repréſente une Dame variant ſes amuſemens.

Par M. *Tocqué*, Conſeiller de l'Académie.

45. Le Portrait de M. de la Live de Jully, en Chaſſeur.

46. M. Bergeret, Receveur Général des Finances.

47. Madame Tocqué, tenant une Brochure.

Par M. *de la Tour*, Conſeiller de l'Académie.

48. Pluſieurs Têtes au Paſtel ſous le même N°.

OUVRAGES
De Meſſieurs les Académiciens.

Par M. *Courtin*.

49. Le Portrait de la petite Fille de M. Gonneau, tenant un Lapin.

Par M. *la Joue*.

50. Un Tableau en hauteur de 4 pieds fur 3, repréfentant un Corps d'Architecture, orné d'une Fontaine avec des figures.

51. Autre plus petit, repréfentant une Fuite en Egypte.

Par M. *Lucas*.

52. Un Tableau repréfentant le repentir de S. Pierre.

Par M. *Francifque*.

53. Un Payfage d'après nature.

54. 55. Deux Payfages repréfentans différentes vûes de Chevreufe.

56. Autre plus petit, dont la vûe eft prife dans les Bois de Milon.

57. Son Pendant. La vûe du même Bois.

Par M. *de Lobel*.

58. Le Portrait de M. le Chancelier.

Par M. *Du Mons*.

59. Un Tableau en hauteur de 8 pieds fur 5, repréfentant Sainte Anne & la Sainte Vierge.

60. Autre en largeur de 4 pieds, repréfentant des Veftales qui entretiennent le feu facré.

Par M. *Boizot*.

61. Deux deſſus de Portes Chantournés, dont les Sujets ſont tirés d'un Poëme de M ***. Sous le même N°.

Par M. *Poitreau*.

62 *bis*. Deux Payſages, dont l'un repréſente un Soleil Levant, & l'autre un Soleil Couchant. Ces deux Payſages ſont ornés de Figures, de Fabriques & d'Animaux. Sous le même N°.

Par M. *Chaſtelain*.

63. Un Payſage repréſentant la Vûë du Pont de Charenton.

64. Autre, faiſant Pendant : une Vûë du Moulin de Chantonneau.

Par M. *Frontier*.

65. Un Tableau en hauteur de 10 pieds ſur 6 de large, repréſentant Jesus-Christ au milieu des Docteurs. Ce Tableau eſt pour l'Egliſe de ſaint Sulpice.

Par M. *Lenfant*.

66. Un Tableau en largeur de 12 pieds & demi ſur 5 demi de haut, repréſentant la Bataille de Lawfeld, vûë depuis la Commanderie qui faiſoit la droite des Alliés, juſqu'à Maſtrick qui étoit leur gauche, deſſiné de la hauteur d'Aldereme, où étoit le Quartier du Roy.

Par M. *Le Sueur*.

68. Un Tableau repréfentant une Nymphe des Eaux.

Par M. *Oudry, le fils*.

69. Le Portrait d'un Chien.

70. Un Tableau repréfentant des Chats qui fe battent.

71. Autre de même grandeur, repréfentant deux Chiens qui fe difputent un os.

72. Autre, repréfentant un Dogue qui faifit un Marcaffin par la croupe.

73. Autre, un Chien en arrêt fur du Gibier.

OUVRAGES

De Meffieurs les Graveurs Académiciens.

Par M. *de Larmeffin*.

Un Frontifpice allégorique, d'après M. Boucher, Profeffeur.

Par M. *Surugue, le pere*.

La Fileufe Flamande; d'après le Tableau de D. Teniers.

David Teniers fait dire la Bonne Aventure à fa Femme.

Le Jeu de Mail Hollandois.

Par M. *Moyreau*, d'après *Wouvermens*.

La Charité des Capucins, N° 66. Tableau tiré du Cabinet de Sa Majeſté le Roy de Pologne, Electeur de Saxe.

Le Conſeil des Chaſſeurs, N° 67.

Récréation Militaire, N° 68.

Par M. *Le Bas*,
Graveur du Cabinet du Roi.

L'Enfant prodigue; d'après D. Teniers, N° 61.

Départ pour la Pêche; d'après M. Vernet de Rome.

Port de Mer d'Italie; d'après le même.

Par M. *Surugue, fils*.

Deux Payſages Flamans; d'après les Tableaux de D. Teniers.

OUVRAGES

De Meſſieurs les Agréés de l'Académie.

Par M. *Falconnet*.

74. Un Modéle en Plâtre de 2 pieds & demi, repréſentant la Muſique. Cette Figure s'exécute en Marbre de 6 pieds de proportion, pour le Château de Belle-Vûê.

Quatre Bas-Reliefs d'Enfans, repréſentans les Saiſons. Ils s'exécutent pour le Prince de Soubize.

Par M. *Peronneau*.

76. Le Portrait au Paſtel de M. le Comte de Bonneval.
77. M. Ruelle, premier Echevin.
78. Madame ſon Epouſe.
79. Monſieur & Madame ***, ſous le même N°.
80. Madame de Saint ***.
81. Mademoiſelle Silanie.
82. Mademoiſelle ***.
83. M. Desfriches.
84. M. ***.
85. Mademoiſelle Roſalline.
86. M. ***.

Par M. *Bachelier*.

87. Deux Tableaux de Cabinet, ſous le même N°. L'un repréſente un Trophée Paſtoral. L'autre, un Trophée Bachique, ou les Attributs de l'Automne.
88. Autre repréſentant une Hyacinthe du Pérou.

Par M. *Valade*.

89. Un Portrait en pied de M. le Marquis de Caumont.
90. Autre au Paſtel, repréſentant M. ***.
91. M. le Chevalier Pinon, Capitaine au Régiment de Caraman.
92. Le Portrait de Madame ***.

Par M. *Dupuis*.

Saint Nicolas & S. François; d'après M. Pierre Ecuyer Profeſſeur.

Enée, qui porte fon pere Anchyfe; d'après M. Carlo Van-Loo, Ecuyer, Chevalier de l'Ordre de Saint Michel.

ADDITION.

Par M. *Adam l'ainé*, Profeffeur.

93. Une Efquiffe en Terre cuite, repréfentant Minerve qui étoit cachée fous la figure de Mentor, & qui fe fait connoître à Télémaque.

94. Autre Efquiffe. L'Amour aveugle, guidé par la Folie.

Par M. *Portail*, Académicien.

95. Deux petits Tableaux fous glace, repréfentans des Fleurs & des Fruits.

Par M. *Saly*, Académicien.

96. Une Figure de marbre, faite pour fa Réception à l'Académie, repréfentant un jeune Faune qui tient un Chevreau.

Par M. *Vaffé*, Académicien.

97. Une Figure de marbre, faite pareillement pour fa Réception à l'Académie, repréfentant un Berger qui dort.

Par M. *Autreau*, Académicien.

98. Le Portrait de M. *** & de M. fon Fils.

Par M. *Lenfant*, Académicien.

99. Deux petits Tableaux de fantaifie ; fous le même N°.

Par M. *Delaitre*, Académicien.

100. Un petit Tableau repréfentant la Sainte Vierge & l'Enfant Jésus.

Par M. *Peronneau*, Agréé.

101. Le Portrait, peint à l'huile, de Madame Du Ruiffeau.

Le tout mis en ordre par les foins de J. B. Reydellet, Receveur & Concierge de l'Académie.

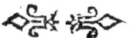

Nogent-le-Rotrou, imprimerie de A. Gouverneur.

www.ingramcontent.com/pod-product-compliance
Lightning Source LLC
Chambersburg PA
CBHW030058230526
45471CB00003B/1142